AF369315

Violetas aplazadas

Flóbert Zapata Arias

Colección
Sembremos Arte

Violetas aplazadas

Flóbert Zapata Arias

Violetas aplazadas
©Flóbert Zapata Arias
©Colección Sembremos Arte

ISBN: 978-958-49-1451-4
Diseño y edición: Ediciones Grainart
Compilación y diagramación:
Mónica Patricia Ossa Grain
Diseño de Carátula:
Helen Vanessa González Ossa
Obra portada: Carlos Humberto Murillo
Título: El triunfo de la muerte
Texturas y óleo sobre lienzo
carlosart5@hotmail.com
Foto contraportada: Stella Idárraga
www.flobertzapata2.blogspot.com

Ediciones Grainart
edicionesgrainart@gmail.com
fundaciongrainart@gmail.com
Contacto: (+57) 3148685940

Impreso y hecho en Colombia.
Printed and made in Colombia

Santiago de Cali – Valle del Cauca
Julio de 2021

*Dedicado a quienes se encuentren con este libro,
que es una conversación
propuesta por un hombre
que llaman poeta a otro que llaman lector.*

*Gracias a Mónica Patricia Ossa Grain
por motivarme a hacer esta antología.*

Flóbert Zapata Arias

Es tan bello vivir

Es tan bello vivir.
Vamos muriendo pero es tan bello vivir.
En cualquier momento pueden matarnos pero es tan bello vivir.
En el momento menos pensado nos toca llorar la muerte de un hermano y luego de otro pero es tan bello vivir.
Es tan bello vivir a pesar del fruto prohibido de la verdad.
Es tan bello vivir aunque tengamos que ocultarnos para vivir.
Aunque el miedo tale los árboles que dan sombra es tan bello vivir.
Respiramos y eso basta para saber que es tan bello vivir.
Porque nos rebelamos al odio es tan bello vivir.
Porque a veces alguien mete por debajo de la puerta un poco de amor es tan bello vivir.
Sólo por estar vivo es tan bello vivir.
Sólo para decir que es bello vivir es tan bello vivir.
Es tan bello vivir, mujeres que ya nunca morirán porque no las amaré.
Es tan bello vivir, camaradas muertos de muerte natural, de guerra natural.
Es tan bello vivir, amigos, exmonedas, sepultureros jubilados que me hacen reír hablando sin parar de la muerte y de los muertos.

Es tan bello vivir, poeta, porque sabes que los vivos escriben la poesía pero sólo los cadáveres la hacen leer.

Soy un hijo de la guerra pero es tan bello vivir.

Nada hay más atroz que los ametrallamientos pero es tan bello vivir.

Es tan bello vivir, Wikipedia, risas de los enciclopedistas franceses una noche que mezclaron vino con hachís.

Es tan bello vivir, Calle 13 subiéndole el volumen a la música satánica, Leonard Cohen danzando en YouTube hasta el final del amor, Osho crucificado al lado de Jesucristo el malo, banderas blancas sobre pechos quemados.

Es tan bello vivir pero me acuerdo.

Lo persiguen

Nacemos y nos programan para los vicios, el vicio de odiar, el vicio de fumar, el vicio de beber, el vicio de calumniar, el vicio de envidiar, el vicio de herir, el vicio de matar, el vicio de correr, el vicio de quitar, el vicio de mandar, el vicio de gritar, el vicio de celar, el vicio de mentir, etc. Hay un millón de vicios, si usted empieza ahora a contarlos y tiene veinte años, tal vez al llegar al ataúd le falte poco. Uno comienza con unos vicios, se va volviendo adicto y quiere probarlos todos, en eso se nos va la vida, conversar, viajar, ver películas, oír canciones, para aprender nuevos vicios y nuevas formas del vicio o su profundización. Triunfa quien consigue una fábrica de vicios propia. Al que se sale del sistema de los vicios lo persiguen.

Bitácora de viaje

Y lo que más recuerdo del infierno
es que no había ni un solo demonio
que no escribiera versos.

Poquito

Uno comienza muriendo poquito
y le va gustando,
consume más muerte,
sin darse cuenta
está consumiendo mucha,
y el cuerpo pide más, más,
porque sólo así siente la vida,
porque sólo así soporta
la violencia del mundo,
pavorosa y bella dignidad
de matarse uno mismo.

Colega

Esposa es lo que espera
pacientemente
a que te mueras,
colega es lo que espera
pacientemente
a que te maten.

Encuentro

Buscaba cada uno al otro sin saberlo.
Estábamos en el lugar preciso
donde ocurriría el amor.
Seríamos los únicos testigos.

Tradición

El cielo que me dan sin que lo pida,
el cielo que me dan adelantado,
el cielo que me obligan a tomar,
el cielo que jamás me quito en público
y me quito en privado,
el cielo que me mata por detrás y se esconde,
el cielo que devuelvo y no reciben.

Mentira

Toma mis muertos huesos,
tritúralos, hazlos polvo,
amasa el polvo,
haz con él lo que quieras,
siempre saldrá una mentira.

Poema viejo

El universo bendiga a la muchacha que se ennovia con el viejo porque vence una terrible herejía. Que la bendiga por refrescarle los labios calientes, por sembrar flores en su tumba feliz, por recibir cartas en papel, por ponerlo siempre en estado de beatitud, por darle la moneda sin usar de su sonrisa. Gracias muchacha por entender que el viejo no está cerca de la muerte por los años sino por su condena a no poder conseguir de novia a una muchacha. Gracias por sacarlo del infierno sus últimos cinco minutos, ¿sabes qué es el infierno?, tener que decir que no le gustan las muchachas, que no sueña con una muchacha. Gracias por realizarle el deseo mayor de un viejo, estar desnudo todo el tiempo, con las persianas cerradas, el teléfono desconectado y regada la noticia de que viajó no se sabe para dónde, porque la vida renace en eso, en viajar de nuevo a la juventud al contemplar a una muchacha. Sólo cuando el viejo se ennovia con una muchacha puede decir que existe el amor, en caso contrario deberá aceptar que existe dios, el viejo vestido todo de blanco o todo de negro, el viejo sin riquezas, el viejo feliz, el viejo pacífico, el viejo compasivo, el viejo sereno de barbas largas, blancas, hermosas, limpias, que se lleva todas las muchachas.

Las ciudades

Las ciudades son creaciones esquizofrénicas
de la sociedad esquizofrénica.
Los seres humanos nos dividimos en dos,
los que aceptamos que somos esquizofrénicos
y los que no aceptamos
que somos esquizofrénicos,
los que nos enfrentamos
al horror de las alucinaciones
y los que nos suicidamos
ante el horror de las alucinaciones,
los que desesperados nos acercamos al amor
y los que desesperados nos acercamos al odio,
los que obedecemos a la voz que dice ¡Mata!
y los que desobedecemos a la voz que dice ¡Mata!

Catatumbo

Yo tumbo,
tú tumbas,
él tumba,
ella tumba,
nosotros tumbamos,
vosotros tumbáis,
ellos tumban
y entre todos hacemos
de la vida una tumba.

Nuevo cantar de los cantares

Tus pechos son como cántaros llenos de billetes de mil dólares.
Tus ojos son oscuros como pozos de petróleo iraquí.
Tus muslos como mellizas gacelas de oro de California.
Tus dientes como perlas para vender en la Casa de Graff.
Tus labios como hilos de agua endulzada con aspartame.
Tu habla hermosa como la mentira.
Tus cabellos como manadas de cabras cibernéticas alimentadas con soldados de la última guerra.
Tu cuello como un misil tierra-aire que se apacienta entre lirios.

Nuevo sermón de la montaña

Mira las aves del cielo, no le hacen daño a nadie,
nos enseñan a volar, no siembran, no cultivan,
no almacenan y nunca les falta alimento,
aunque ya las echan cortándoles los árboles,
aunque mueren cuando chocan con los aviones,
aunque después caigan muertas por los pesticidas
que le aplican a los cultivos
o engendren hijos sin ojos
a los que se comen enloquecidas.

Inmigrantes

Considera los lirios del campo y de la ciudad,
cómo crecen, no hacen daño, trabajan,
hilan, tiñen los hilos de la alegría en la mirada,
te digo que ni siquiera Salomón con toda su gloria
se vistió como uno de ellos,
lástima que los que se llevan
el cielo para ellos solos
los obligan a irse a la guerra o al extranjero
a morir lejos de su tierra
y a no asistir al entierro
de su madre o de su padre.

El árbol

Si vas solo y hay un árbol solo abraza su tallo cuanto quieras.

Si vas solo y hay cinco árboles no abraces a uno solo, no dejes a los otros esperando.

Si vas solo y hay mil árboles pídele perdón a los que no alcanzas a abrazar y promételes que algún día volverás a buscarlos.

Si vas acompañado y hay un solo árbol, abrázalo por un momento y permítele a los otros abrazarlo. Nunca digas esta atrocidad: Es mío, yo lo vi primero, nadie me lo toca.

Si vas con un grupo de diez personas y hay diez árboles, que cada uno abrace a uno y que luego intercambien en serena orgía.

Que nadie se quede con hambre de abrazos, que nadie robe abrazos, que nadie niegue abrazos, pues muere el corazón sin estaciones, sin cambios, sin adioses.

Que pronto serán rescatados por sus mundos fríos, donde las únicas estaciones son las de los trenes cargados de confusión, amantes de la movilidad material y esposos de la movilidad espiritual, arraigados en un solo adiós perpetuo.

La gata

Te estoy haciendo la declaración de amor eterno y pasa una mosca y me abandonas por ella.

Le muestras disoluta el recto y la vagina a todo el mundo mientras patrullas la casa con la cola levantada.

Te ufanas de que Buda te quiera más a ti y a la serpiente que a los otros animales porque fueron los únicos que no lloraron su muerte.

Y no te importa ni un ápice el hecho extraordinario e indisoluble de que la última de las cuatrocientas cuatro páginas de Tristes trópicos sea la palabra gato.

Poesía es el orificio en la pared

Poesía es el orificio en la pared por el que vemos la cara del tramposo en el momento en que lo descubren.

Poesía es el puñado de sombras que le arrojamos a la mentira para que se le acabe la sonrisa.

Poesía es la carcelera que nos ofrece las llaves para salir de la última prisión.

Poesía es lo que nos dice que donde termina la felicidad comienza el miedo.

Poesía es lo que resucita, con sólo ponerlas en el papel, las palabras muertas por la censura.

Poesía es lo que te persigue con carcaj, arco y flechas para matar tu corazón falso y dejarle el puesto al verdadero.

Poesía es el descubrimiento de las cicatrices donde no se sabía siquiera de la existencia de heridas.

Poesía es la narración de cómo nos vamos desnudando, de cómo aprendemos a desnudarnos.

Poesía es el pan hecho con la harina de la confesión.

Poesía es lo que calla cuando todo el mundo grita y lo que habla cuando todo el mundo calla.

Poesía es la cómplice de los enamorados cuando roban la casa de la tradición.

Poesía es lo que le entrega confusión a la claridad falsa y lo que le entrega claridad buena a la confusión mala.

Poesía es la vieja foto que te envía el amigo bueno de los tiempos malos.

Poesía es lo que produce, cuando duermes, la cadena de sueños que te llevan a la eyaculación.

Poesía es el ojo cerrado de la madre reprimida ante la hija libre.

Poesía es el dulce masaje de cannabis sativa en la zona cortical de la meditación.

Poesía es una conversación olvidada con el viento que se quiere volver a tener.

Poesía es la médica a la que no le gusta ver sufrir al paciente mientras lo mata.

Poesía es lo que nos enseña que el paraíso y el infierno existen realmente pero en la sociedad humana, que existen los ángeles y los demonios pero de carne y hueso.

Poesía es lo que nos enseña a alimentarnos bien: no consumir los productos procesados de los supermercados literarios.

Poesía es lo que te dice que lo más importante de saber se encuentra en aquello que los maestros le ocultan a los niños.

Poesía es la arena del reloj que se utiliza para construir un juguete.

Poesía es lo que te dice que si le quitas la máscara a la culpa no encuentras detrás rostro alguno.

Poesía es el cráneo muerto con escaleras adentro que te conducen a cráneos vivos.

Poesía es el pájaro que hace una grieta en tu ánimo, le chupa los gritos que ha recibido y le mete cantos, le quita el sedentarismo y le pone alas. Poesía es la campana del carro de la basura que suena frente a la casa de tu mente.

El perro

Un dios que no conozco me tira desde el Norte piedras y descarnados huesos de costilla de vaca y no le he hecho nada, ni siquiera le he ladrado, no ladro por ladrar, no he tocado las cercas de sus latifundios. La mitad de las cicatrices que tengo me las produjo él.

Cuando el esposo y la esposa pelean a golpes sale el niño a la calle a maltratar animales.

Maltratando animales se adiestra para matar personas.

Me voy con quien me quiera y no le hago reclamos ni lo demando si me abandona.

Comí violetas un día que tenía tanta hambre que me quedé sin alientos para pedir y recordé mis muertos, mi ingenuidad infinita, el olor de la vagina y los manjares.

Desgraciada mi amiga la gata confinada solitaria en una casa, que no sabe masturbarse y se lo pasa gimiendo de ganas de un coito y una descendencia. Le harán quitar el útero, los ovarios y las trompas de Falopio con amor porque tendrían que regalar la ventregada menos uno, su futura compañía, y temen que caiga en manos maldadosas y crueles.

Cuando encuentro una perra me la llevo al campo, donde los humanos no nos tiren agua hirviendo por el delito de amarnos.

Si estoy solo me masturbo frotando mi pene contra tallos blandos o flores carnosas.

Porque les enseño a otros perros mi forma de vida me persiguen algunas especies, me echan de todas partes, no tengo residencia fija.

No como mucho para no ponerme bonito y fuerte.

Así evito que alguien, vasallo o rey, me haga suyo y me convierta en soldado para sus cacerías de conejos, guatines, patos, alces, osos, elefantes.

¡Cómo tiñen los mares de rojo las ballenas asesinadas!

¡Cómo tiñen de rojo la mirada interna las guerras de los hombres entre sí!

Duermo donde me coja la noche, la paso mal sin patria como Julián Assange, no tengo el almuerzo de mañana garantizado pero sé que hay seres cuyas oraciones no desplazaron a la memoria, que se quitan el pan de la boca para dárselo al hambriento, que comparten su manta con el desamparado en la noche helada. A ellos les pertenece mi corazón y mi compañía, a ellos los honro sentándome siempre a sus pies. Da cárcel hablar de ellos, da cárcel hablar de los fuereños que se les parecen, pero pronuncio sus nombres con mis saltos, mis fugas y mi alegría.

Ladro para decir mi único credo: que la vida es bella si la moral consiste en no quitar y si la verdad consiste en no vestir.

Escribir con los pies en la tierra o con la cola en el aire me produce adrenalina de la buena.

Ataúd tallado a mano

Siempre dormí muy mal

Siempre dormí muy mal.
Después de muerto
seguro seguiré durmiendo mal.
Seré un mal muerto.
Seré un muerto cansado.
Nada me preocupa de la muerte,
excepto esta certeza
de que voy a seguir durmiendo mal.

Infarto

Nos entregan la muerte a pedacitos.
No queda otro camino
que recibir la muerte a pedacitos.
Pedacitos de hoy en codicia y afanes.
Pedacitos de ayer
en genes de fatiga y de terror.
Mañana en pedacitos siempre azules
con un fondo de piano en primavera.
Pedacitos dinámicos: meditas en el fin.
Pedacitos estáticos:
foto del padre muerto que sonríe.
Pedacitos con cáncer: ¿por qué a mí?
Pedacitos noticias: la muerte de un amigo.
Pedacitos ardientes de lujuria o dinero.
Pedacitos de amor. Pedacitos de gloria.
Nos entregan la muerte a pedacitos
y a veces nos la entregan toda junta.

Arrojado en el monte

Gallinazo que rondas
mi cuerpo y vas y vienes sobre el día.
Gallinazo, es mi cuerpo para ti.

Por ti sé que el olvido se avecina.
Recibe tu salario, mensajero:
por una vez la muerte se detiene.
Emprende tu trabajo de limpieza,
el festín esperado,
sin saber de los besos que me arrancas;
de sueños en la piel, ah, frutas infinitas;
de pena, miedo y esperanza;
de luchas que nacieron en lo negro:
ascendí a lo sagrado.

Rey de los gallinazos, impaciente,
muerde, ingiere y concurra tu bandada
a cerrar en segundos
una vida pequeña que lamió eternidad.
En nada te pareces a los fieros humanos:
te devoran despacio,
esperan unos días, te conservan,
y entonces se reparten tu pasado
para matarlo a solas cada uno.
Ya sé que soy su cena,
procedan, descuarticen, traguen.

Duele igual, gallinazos, pero al menos
sólo el instinto puro nos reúne,
sin las hipocresías de los hombres,
sin picos y sin garras invisibles,
sin sus voraces cielos de mentira.

Precauciones

Previo a morirse,
hay que tomar algunas precauciones.
Por ejemplo, apagar con especial cuidado
el último cigarro que te fumes.
Aprovisionar queso,
jamón, pan fresco y leche en la despensa,
hablará de tu orden
y de tu inteligencia previsiva.
Poner doble cerrojo a puertas y ventanas,
dejar algún dinero en efectivo
en un lugar visible,
entregar dos o tres consejos, darán fe
de que no siempre fuiste masticador de nubes.
Infaltable el elenco de instrucciones
sobre aquellos asuntos,
también los no resueltos,
de mayor gravedad en esta vida
y que pueden tener relación con la otra
en un momento dado.
Lejano es donde vas y todo debe
quedar en total orden:
poco podrías hacer si algo pasara.
No muy seguro
de que un día regreses,
bueno es de todos modos
dejar todo dispuesto, por si acaso.

Huesitos sin recuerdos

Tan cruel la vanidad,
tan amarga la envidia.
Y mirar lo que somos:
huesitos con recuerdos.
Huesitos en joyeros
de forma tan sencilla,
que más tarde serán
huesitos sin recuerdos.
Que más tarde serán
—en documentos tristes,
ocultos, oxidados—
recuerdos sin huesitos.
Que luego serán nada.
Eso somos no más.
Recuerdos que se acuestan.
Huesitos trasplantados
a cajas de madera
y luego a cofrecitos de la tierra.
Huesitos con memoria.
Nada más nuestra esencia,
envidia cruel y vanidad amarga.

Se busca

Flóbert Zapata pregunta por su padre.
Vez última que fuera visto:
trece de octubre del sesenta y siete,
aquí en el cementerio de Filadelfia, Caldas,
a donde vino huyendo, "desterrado"
de zarca Pensilvania, la década anterior.
Aparte de otras plagas
un "pasquín" anunciándole la muerte,
por liberal;
la espalda, el cuello
con marcas de disparo de escopeta,
desde el monte, a mansalva.
Encontraría al llegar violencia igual de atroz
y por poco le toca huir de nuevo:
secretos bajo hostias, tumbas, mantos.
Señas visibles: carpintero, fotógrafo,
escultor en madera;
en la lápida o la palabra
un fiel panal de abejas, siempre,
"La dulce miel para la amarga vida";
algún carné firmado por su mano,
secreto por entonces, ayer público
y hoy perdido;
capas de nicotina,
Pectoral o Virginia,
soñando que los miedos
se fueran diluyendo en espirales;
hontanares de azul

profundo en la mirada sepia débil;
su columna en pedazos por caer de un andamio
cuando refaccionaba la cama del Señor,
quien no lo supo nunca.
Lo busca para que cumpla aquella promesa
que nunca pudo hacerle y se supone
entre dos que han sentido idéntica barbarie:
conversar, beber juntos una jarra de vino.

Flóbert Zapata Arias

Cantan, cantan y cantan

Cantan mucho los gallos en mi tierra.
Antes de morir cantan.
Cantan blues con el cuello degollado.
Ahogados en burbujas
cuando oscuros disparos
penetran en sus pechos.
Cuando les cortan
las alas con feroces motosierras.
Cuando les introducen
agujas en los picos y los ojos
o los entregan a hornos o raíces.
Hinchados por el agua,
repiten y repiten las canciones del río.
Si los secuestran cantan.
Si sus cuerpos no son hallados.
Si los entierran,
con mal pegadas lápidas.
Y cuando el lobo los devora.
Cantan, cantan y cantan.
No paran de cantar.

Paraíso

La muerte perdió un bolso
con algunos cosméticos
y cosas de valor muy secundario,
no pocas inservibles.
Se olvidó del asunto,
era un bolso barato, ya viejo y decadente.
Los hombres lo encontraron
y le pusieron nombre: Paraíso.

Flóbert Zapata Arias

Vivo en el cementerio

Y cuando te pregunten dónde vives,
no dudes en decir:
—Vivo en el cementerio.
Se burlarán de ti
pero siempre responde: —Vivo en el cementerio.
Sin reticencias dilo,
no importa que se callen.
No dejes, por favor, de responder así.
—Vivo en el cementerio, vivo en el cementerio,
vivo en el cementerio.
Y si no puedes
no digas nada.
Pero siempre que puedas no digas otra cosa:
—Vivo en el cementerio, vivo en el cementerio,
vivo en el cementerio, vivo en el...

Diálogo de la fosa y el cadáver

Cadáver: Te odio, mas eres mi pariente, ¿sabes qué es un pariente?
Fosa: No, dímelo, por favor.
Cadáver: Un pariente es alguien que devora a sus seres más cercanos antes que a los otros.
Fosa: ¿Me culpas o me entiendes?
Cadáver: Ni lo uno ni lo otro, te oscurezco simplemente al oscurecerme, ¡estómago que come humanos!
Fosa: Eres mi enemigo, ¿sabes qué es un enemigo?
Cadáver: No, dímelo, por favor.
Fosa: Un enemigo es alguien a quien te puedes comer.

La vi pasar y la amé

Villancico

Cuando tu amor me llamaba
yo no sabía besar
y cuando otro te besaba
yo no sabía llorar.
¿Qué voz te corta con nieve?
¿Qué mal te hiere con miel?
¿Qué ángel bajo tu piel
te reprime y te hace leve?
¿Qué sol contra mí promueve
que no quieras regresar?
Cuando tu amor me llamaba
yo no sabía besar
y cuando otro te besaba
yo no sabía llorar.

De tanto que he besado

De tanto que he besado
se me olvidó besar.
Se tienden a enredar
los besos que ya he dado
con los que quiero dar.
De repente el pasado
insiste en recordar
labios que no he besado.
Corazón despiadado,
sálvame de llorar.

De blanco hueso

Soñaba con el amor,
idea de blanco hueso,
me mataron con un beso
y maté con una flor.

El beso que me donara
su paraíso interior,
en el momento mejor
me reventaba en la cara.

Caricia que no mirara
cómo nacía el dolor:
herir en forma de amor,
pasión de tiniebla clara.

Convicto en labios profanos
mis dedos cenizas son,
me duele en el corazón
lo que dolía en las manos.

Cincuenta

Soñaba igual que ayer
que amar no cosechara paz sombría,
un cuerpo no vencido que aprendiera a morder:
volvió la noche cruel y se llamaba día.
De no poder amarla y de caer
no sabía vivir y no vivía.
Al mirarla comenzaría a arder:
no podía morir pero moría.

Bar

Porque me sabes matar,
amor que nació de día
como se nace en un bar,
de nuevo yo nacería
para volverte a besar.

Otoño

Abril llega con mentira,
en sus manos fresca flor:
una muchacha nos mira
y va naciendo el amor.
Porque la mentira es fuerte,
deja de fingir y arde,
perdonemos a la muerte
y lloremos con la tarde.

Anfiteatro azul

Sarcófago

Esta tu casa ahora, el grifo del deseo,
finalmente comido y no sólo besado.
Monógamo sublime, morirás de placer,
mordido por mil bocas, amado sin excusas.
No te torturarán el mal de poseer
ni la infidelidad ni los celos atroces.
No podrán lacerarte la nostalgia o el miedo
ni querrás despertar del orgasmo infinito.

Judías casi lunas

Van repartiendo muerte la Codicia y sus hijas,
cuando se les acaba entregan medallitas.
Ponzoña pide el ego y ponzoña le envían,
¿si dan lo que les piden por qué obran
                              clandestinas?
Se acostumbra la gente a que le den heridas,
poder de la costumbre, costumbre de la vida.
No tiene más familia la señora Codicia,
mató parientes pobres, tías, hermanas, primas.
Quiere quedarse sola en la gloria infinita,
antes que ella las mate la matarán sus hijas.

Uniformado

Vengo de un barrio pobre como tú
aunque ya no eres pobre como yo.
El cielo goteaba aguapanela,
oropel, Barbis falsas, alcohol.
Le quito al que le sobra y salvaguardas,
eres la ley y yo un simple ladrón.
Aquello que ahora soy bien pudiste haber sido,
golpéame con juicio, mátame con amor.

Juan desplazado

De niño fui Juan Tierra, de grande Juan Asfalto,
se me salen las lágrimas cuando recuerdo
                              el campo.
Mi vereda no piso desde hace cuatro años,
Juan Sombra ahora me llaman, estorbo,
                              pus, gargajo.
Me soñaba Juan Pueblo, ayudar al hermano,
vaga entre la miseria mi corazón rasgado.
No sé si retornar o volver a marcharme,
se hizo bruma la tierra, sin tierra soy Juan nadie.
No dejan de llamarme mis muertos torturados,
esperaba a los vivos y me quedé esperando.

El corazón en la basura

Pasa por una calle y oye una motosierra
que corta alguna rama y su cabeza tiembla.
Uno por uno a once, el cuello atado,
les cortaron las piernas, las manos les cortaron.
Porque llegara tarde se escapó aquella noche;
padres, tío y hermano ya son rama de roble.
Halla un oro perdido entre sobras de arroz,
mira el cielo y no encuentra su antiguo corazón.

Viajero subterráneo

Eras un muerto entonces, te querían.
Ahora que estás vivo te persiguen.
Continúa tu viaje y sé tú mismo,
lejos del paraíso y su absoluto tedio,
o regresa a la tumba y sé los otros
y vive sus infiernos y no el tuyo.

Despertar

Te miras al espejo y ves un muerto.
Te duchas, desayunas
y paulatinamente va desapareciendo.
Sales al día, a sus afanes,
desconocido, otro.
Cansado, por la noche, al lavarte los dientes,
te miras otra vez: de nuevo el muerto.
Vas a la cama, duermes, para no verte más.

Violetas aplazadas

Dormir me sienta bien,
morir me sienta mal.
Dormir me lleva hasta mis muertos,
morir hasta la sangre regada y dividida.
Muriendo estoy tan vivo que no me reconozco,
durmiendo estoy tan muerto
que se me abren los labios y bendigo.

Bestiario

Ballena

Que esta sangre es un infierno
en el mar, donde se quiera,
y la mano inmunda fiera,
lo escriben sierras de bruma.
Labor de Radio Perdón
con arpones traicioneros
para aniquilar los ceros
que la codicia se fuma.

Cerdo

Prendo un cigarro y fumo:
asciende el buen recuerdo,
camarada del humo;
del cielo cae un zumo
amado por el cuerdo.
Objeto del consumo,
indiferente, izquierdo,
callado me subsumo:
sombra con que perfumo
sueño de amado cerdo.

Rata

Concedes muerte barata,
todos saben quién la mata,
disparo de masoquismo.
Con aceite de sí mismo
se alimenta el cruel abismo
del que calumnia a la rata.
Un árbol me da una hoja
pero no duele por roja
sino por ensangrentada.
Va cayendo la manada
en campo de sucia hada
y mísera paradoja.

Cigarra

La cigarra abre las piernas
y entra el chelo
por las cortinas eternas,
hasta el XX tan pecado
que debió tocar de lado
para no limar el cielo.

De hombres cansados

De hombres cansados

Sólo háblanos vida esta noche
de hombres cansados.
De aquellos que tanto murieron
y están esperando.
Plebeyos que mascan sin ansia
la flor del cadalso.
Visiones que imitan con huesos
la estela de un barco.
Sólo háblanos vida de noches
en cuerpos humanos.
Sólo háblanos vida esta noche
de cómo nos has engañado.

Silencio en traje de noche

Callaba porque quería
seguir soñando y viviendo.
Hoy, tarde, voy descubriendo
que en los silencios moría
y que mataba sonriendo.

Hermanos

Se declaran perseguidos
y se hacen llamar hermanos,
los asesinos que matan
y no se manchan las manos.

Última vez

Lo que siempre te salvaba
otra vez te matará
mientras que dice salvarte.
Lo que siempre te mataba
de nuevo te salvará
para volver a matarte.

Ramos

La vida es callado árbol,
nosotros sus verdes ramos;
nos quiebran músculos dulces,
nos cosechan rudas manos.

Arrancamos a los otros,
ansiosos nos arrancamos,
a dentelladas feroces
y nos decimos hermanos.

Para arrancar a la muerte
como a la vida arrancamos,
soñemos los breves cuerpos
como nos sueñan los ramos.

Dos violencias me han parido

¿La limpia calavera
por qué está ensangrentada?,
¿por qué otra vez usada
si la esperanza era?
Buscaba una bandera
sin saber qué buscar:
no pudiendo matar
ayer la primavera
ha escarbado la fiera
bajo la luz lunar.

Patria

Han sido tantas las guerras,
tantas las viudas camisas,
tantas las manos esquizas
cortando las multitudes,
que servimos al prejuicio,
clasificamos los cráneos
en locales y foráneos,
dormimos en ataúdes.

Remordimiento en clave morse

Escribimos tan manso
que parece cinismo,
sentimos tanto miedo
que casi no escribimos.

Huimos confundidos
por agrestes destinos,
solitarios y tristes
como todos huimos.

Morimos de escuchar
rumores de casino,
casi ya calaveras
al fin no nos morimos.

Vino hay que nos ayuda
en medio del abismo
a sonreír un poco,
sucio y sórdido vino.

Existimos igual
y soñamos distinto,
parecemos amados
y casi no existimos.

Callar

Silencio con silencios silenciado,
silenciador de sólo silencioso,
zozobra de motivo tembloroso,
quietud de desamparo ajusticiado.

Calla callando callador callado,
legionario destierro redentor,
celada con un dejo de dolor,
lechoso corazón desconsolado.

Callar, falso sinónimo de vida,
por el amargo pan aunque pequeño,
finalmente a favor de la avaricia.

Hermano, cruel sinónimo de herida,
cristal bajo el innoble desempeño,
ardiente percutor de la caricia.

Copia del insecto

Alguien es el auténtico

A medida que pasa el tiempo me voy pareciendo más a mi padre. También es posible que su vacío me vaya construyendo. ¿Son suyas o mías las venas brotadas de las manos, la fobia a la soberbia y la tortura, esa propensión a los pantalones de dril, a serenar los placeres? Voy siendo él con tanta claridad que sospecho que él es mi doble que vivió primero. Que en realidad yo soy el padre y él el hijo.

Como un mensajero

I

Como un mensajero que de pronto no recuerda desde dónde ni a qué vino.

II

Que encuentra el día o la hora siempre muy tarde o demasiado temprano.

III

Que tarda en hallar el ser digno de recibir la nueva.

IV

Que al fin, cuando todo está dispuesto, pierde la voz y las manos.

V

Así, el hombre.

Puerta

I

Para alcanzar esa puerta aprovisiónate de poesía y vino fértil.

II

La palabra es la única sombra donde el infinito es débil.

III

El vino te dirá que la muerte es la última tentación de la belleza.

El virtuoso

I

El virtuoso tiende la mano al hundido en el abismo.

II

Un poco fuerte para que no se sienta solo.

III

Un tanto débil para que no se salve.

Mutilaciones

El clavel en la solapa
de ese hombre que la ciudad devora
me habla de mutilaciones.

Van Gogh

Es tuya
una de las orejas
del cuerpo de la gloria.

Kafka

Decidiste que la vida
era una pesadilla en dos escenas
y escribiste la primera.

Renuncia

El moribundo
decide cerrar los ojos
para borrar el rostro de su asesino.

El poeta

El poeta es un intérprete
en el centro
de la torre de Babel.

Emisario

Llega el emisario de la derrota
y aquellos que habían acariciado sueños grandes
se conforman con ser felices.

Revista Altamira

Paolo Uccello

I

Lo llamaban Pablo Pájaros
y sus pájaros
lo contaban como uno de los suyos.
¿Su mérito? Indirecto y maravilloso.
Pintaba animales
que le revelaban luego
los secretos de la perspectiva.

II

Voy a morir.
No temo, me acompañan
mis animales y mis líneas.
Mis mazzocchi
asombraron a los humanos;
gracias, esa pequeña gloria
impulsó mi corazón
por el resto de mi vida.
Pero ya no tengo fuerzas.

Les dejo
cerros de pergaminos con mis trazos;
allí, dispersa,
descansa inconclusa mi mayor ambición:
el mazzocchi que asombraría a Dios.

III

Perdonen
mis largas temporadas de ermitaño,
encerrado en mi casa,
rica en arañas, pobre en alimentos.
Perdonen mi pobreza.
Perdónenme por dedicar mi vida
a los dulces y estériles
estudios de la perspectiva.
No fui feliz, es cierto,
pero la felicidad no me interesaba
ni el dinero ni el amor
ni las otras cosas
que desvelan a los hombres.

IV

Para descansar
de mis severos estudios de la perspectiva,
no acudía al vino
ni al sexo
ni a los manjares,
que nunca hubiera podido procurarme,
ni a los amigos,
que no me comprendían.
Para descansar
pintaba mis amados pájaros.
Un amigo de Donato
fue picado en la mejilla
por uno de ellos
pero se negó a creerlo,
tan reales eran.
Nadie sabía
que con sus cantos
ellos limpiaban la fatiga
y que con el batir de sus alas
alejaban la bruma de mis visiones.

V

Porque pintase santos y gigantes
y caballos con tierra verde.
Y campos azules y ciudades rojas
y edificios según tu fantasía.
Porque fueron felices
con tus colores estridentes
pájaros y peces.
Porque todos condenaban
que no copiaras precisos
los colores y las formas.
Porque Donatello, creyendo salvarte,
se lamentaba: "Vamos Paolo,
abandonas lo cierto por lo incierto".
Uccello hiperreal.
Uccello psicodélico.
Manchón del siglo XX
perdido en el corazón del medioevo.

(Basado en el famoso texto de Marcel Schwob en Vidas
imaginarias).

Ese silencio tuyo

Copias

Qué cosas decirte que ya no te haya dicho.
Qué cosas decirte que ya no te hayan dicho otros.
Qué cosas decirte que no te repitan en el futuro.
Qué palabras que no hayan sido usadas.
Por eso prefiero a veces no decirte nada.
Pero también otros han callado
o callarán por razones semejantes.
Los silencios también son o serán copias.

Ese silencio tuyo

Ese silencio tuyo prueba varias cosas.
Que tú tienes alma y que yo no tengo alma.
Que tú te equivocas y eres feliz.
Que yo me equivoco y soy triste.

Raíz

Si entendieras
conmigo
que la raíz
del hombre
es el recuerdo
comprenderías
que la vida
no está aquí
porque tu cuerpo
está en otra parte.

Digamos

Amor, digamos
que este tigre es tuyo
y que yo lo saco a orinar.

Retrato del frío

Generoso siglo

Generoso siglo
para el arte y la tranquilidad.
Bajo su brazo
un cuadro
que irá bien
con la alfombra.
En un bolsillo
del abrigo
el último recibo
de alguna muerte
oscura y necesaria.

Noche permanente

Está de noche el hombre.
De noche permanente.
Lo estuvo desde los días
del anciano mayor de las cavernas.
Lo estará dentro de diez
veces cien el tiempo.
Y el poeta siempre estará
ahí para decirlo.

Haikús

1

Lázaro
Ya lo iluminan
las lámparas del bar
y resucita.

2

Enredadera:
divinidad perdida
de la escalera.

3

Los que copulan
están podando el césped
de la cintura.

4

El porvenir:
aquello que de insecto

persiste en mí.

5

No tengas miedo:
al frío del cadáver
no le entra el fuego.

6

Qué fuerte crece
la flor de los mendigos
bajo los puentes.

7

Los rascacielos:
flores que sudan sangre
de matadero.

8

La patria: heridos
dormimos en las camas
de los caídos.

9

Algo gruñó
cuando estaba escuchando
a la razón.

10

Ruge una hoguera
cuando estás descubriendo
la vida nueva.

11

Ingresa el sol
también a la mirada
del perdedor.

12

No pide arena
para hacerse reloj
la calavera.

13

Pesca la muerte
y están en su mirada
todos los peces.

14

¿Lloran los pájaros
o son las calaveras
que van silbando?

15

Melancolía:
reflejada en la charca
toda mi vida.

16

No habla el árbol
ni espera que el ahorcado
le diga algo.

17

Basho en él duerme:
observa al viejo estanque
no lo despiertes.

18

No existen ya
el estanque ni Basho
ni morirán.

19

Damos un beso,
maldecimos el mundo
y fallecemos.

20

Pide panela
el desaparecido
y le dan tierra.

21

Grano distinto
que sueña hacerse pan
para el mendigo.

22

Al matrimonio
le ponen cuatro velas
y es un velorio.

23

Dice la llama:
lo mismo muero y vivo
que si me apaga.

24

Jugo de remolacha

Oriné sangre.
Feliz de ser mujer
por un instante.

Pensamientos de viejos

Un día

El viejo recibe el nuevo día como una moneda,
como una moneda maravillosa por una cara
y traidora por la otra,
una moneda que quiere y no quiere recibir,
porque un día que se le da
es un día que se le quita.

Doce de la noche

Se va un día de la vida
y llega un día de la muerte,
cada día que llega nos trae un poco de muerte,
cada día que se va se lleva un poco de vida.

En el día también podemos caer

Si llega la noche disfrutémosla,
que puede que la noche de mañana no llegue.
Y si llega el día disfrutémoslo,
aunque en el día también podemos caer.

Junio

Estamos en junio ya.
Y dentro de un ratico estamos en agosto.
Y dentro de un ratico estamos en diciembre.
Y dentro de un ratico estamos en la tumba.

La mano es de ceniza

El tiempo es como un fuego
que una mano atiza,
la mano no es de carne,
la mano es de ceniza.

El fuego está en el pecho
y allí crece con prisa,
nos produce dolor
y nos duele la risa.

El fuego quema siempre,
el fuego quema fuerte
los días de la vida
y el día de la muerte.

Como ayer

Las cinco de la tarde otra vez.
Las cinco de la tarde como ayer.
Como ayer sentado leyendo.
Como ayer envejeciendo.
Como ayer sumándole un día a la muerte.

Atardecer

El amanecer llena al viejo de alegría
porque se juntan el nacimiento del día
y el júbilo de no haber muerto durante el sueño.
El atardecer llena al viejo de tristeza
porque el ocaso del día
recuerda el ocaso de la vida.
El amanecer engaña al pesimismo,
el pesimismo engaña al atardecer.

Ocaso

El día muere,
las lámparas encendidas de la ciudad
son las velas del velorio.

Ocaso II

El ocaso es el funeral del día,
el amanecer es el día recién nacido.
La vejez es el ocaso eterno,
es un atardecer sin que amanezca.

Tíbet

Surcan los gallinazos el cielo,
oliendo a ver qué muerto hay,
qué enfermo está en las últimas en su lecho,
qué viejo se aferra a las sábanas
en un lento morir.
¿Por qué no nos dan esos cuerpos
como en el Tíbet,
por qué los guardan en un nicho,
por qué convierten en ceniza tan sabrosa comida?

Dos años

Quien me conozca por mi foto de Facebook
sepa que la foto es de hace dos años.
Ahora tengo menos dientes.
Dos años en la juventud eran dos años,
dos años en la vejez son muchos años.

Después del colegio

Ráfaga de perforaciones

Una ráfaga de viento
ha levantado la falda
de una estudiante joven y hermosa
que espera en el paradero
del Parque de los Enamorados
Por la displicencia con que ordena su falda
fácilmente se sospecha
que está cansada
sitiada por el apetito
Debajo de los prenses de lino
y de los cuadritos rojos y azules
se dejan ver unas tangas blancas
unas piernas trofeo o promesa
duras inmejorables
y unas nalgas quietas distraídas
La imagen (no sé por qué sagrada)
estremece y subvierte
Un obrero la ha visto agradecido
seguramente su almuerzo tendrá mejor sabor
los muertos del noticiero
serán menos tristes
el trabajo de la tarde más liviano
el pequeño salario menos punzante

Un chico más o menos de su edad
se ha puesto pálido
y desde un lugar estratégico
espera que el viento repita la fechoría
El empleado del almacén de muebles
guardará la imagen para la noche
cuando su mujer sea una víctima agradecida
Y la estudiante
pendiente sólo de la buseta
se irá a su casa
serena
sin nada que contar
aparte de los exámenes de fin de año
sin saber de las vidas que ha perforado
por unas horas unos días o toda la eternidad

Flóbert Zapata Arias

Una pareja sentada en un muro

Desde la ventanilla del bus
que la conduce del colegio al barrio
mira sin interés almacenes carros
gente de prisa vendedores modas
lo de siempre
Pero esta vez
en la parada del semáforo
ha quedado ciega en pleno medio día
Ha visto algo
que aún no vive y que teme:
una pareja sentada en un muro
que se besa despreocupadamente
sin afán sin pudor casi sin alma

Un día de estos

Un día de estos
no obedecerás
al reloj despertador
aunque sea lunes
Dejarás esos tres o veinte
problemas sin resolver
No grabarás a la fuerza
tal o cual fórmula
tales o cuales nombres o fechas
No pintarás los mapas
Abrirás una revista de modas
o un tomito de Garfield
Escribirás una carta de amor
o simplemente seguirás durmiendo
Un día de estos harás alguna cosa
distinta al cumplimiento estricto
de los deberes
a obedecer maquinalmente
voces que te gobiernan
desde todos lados

Hace tanto

Hizo el amor con M. A.
en quinto de bachillerato
en los sesenta
Ocurrió en un paseo de estudiantes al campo
De buenas que no tuvieron un hijo
no llevaron anticonceptivos
no estaba en sus planes que pasara
Nunca supo qué hierba alborotó su alergia
las ronchas se le instalaron en la piel
varias semanas
Ese acto simple
casi criminal en un ambiente puritano
que lo despojó del sueño por meses
es una de las pocas cosas
que justifican hoy por hoy su existencia
Tiene ahora una hija
de diecisiete años
y esta tarde ha visto en sus ojos
el mismo brillo que quizá no vieron
los padres de M. A.
al regreso de aquella salida hace tanto

Si ni siquiera puedo conquistar mi nariz

Me perforé una aleta de la nariz
me colgué un arete
y me fui así para el colegio
El Director de Grupo
la Coordinadora Académica
el Coordinador de Disciplina
la Rectora
me llamaron
Expusieron que romperse la nariz
era cosa de locos
de anormales
de indios
(un delito
dieron a entender)
y me sancionaron por tres días
con el reglamento en la mano
Debía permanecer todo ese tiempo
en la biblioteca
aislada
desatrasándome de los trabajos de clase
o leyendo
Si a una compañera la sorprendían
conversando conmigo
la sancionaban también

La biblioteca era una prisión y yo una leprosa
¡Lástima de la pobre biblioteca!

Recuerdo un libro que leí: Diccionario
de máximas, pensamientos y sentencias
Había una frase de Chesterton: "Los iconoclastas
hicieron más estatuas que las que destruyeron"
Y una paradoja de un tal Fabulo:
"Que los jóvenes no vayan a la guerra
porque ellos deben conquistar el mundo"
Y yo le preguntaba a Fabulo: ¿Cómo puedo
conquistar el mundo
si ni siquiera puedo conquistar mi nariz?

Don Francisco

Don Francisco
profesor de Historia
se dormía mientras nos explicaba
sentado siempre
Nunca reclamamos ni nos burlamos
callábamos
y nos ocupábamos en otras cosas
mientras él roncaba
Cuando tocaban
para el cambio de clase
lo llamábamos
Se disculpaba
se desperezaba
se iba
Gracias don Francisco
por habernos enseñado poco
por habernos hecho menos daño
en aquellos tiempos
en los que la educación
iba por un lado
y la vida por el otro

El maestro envejece

Cada año los alumnos son más jóvenes
y la misma cuesta más empinada
El maestro envejece

Profesor injusto

Profesor injusto:
tú
que eres
tan escrupuloso
y puntual
has incumplido
todas tus citas
con la muerte

Inscripción a la entrada de los colegios del infierno

Aquí termina
la religión
y empieza
la ciencia

Examen final

Lo que
se aprende
con odio
se olvida
con amor

Los ojos azules de Cristina

Los ojos azules de Cristina
la voz de sirena de Adriana la de Once
las piernas de Diana la del equipo de atletismo
los labios tentadores de Lina
el cabello de la profe de Química
la sonrisa de Sandra
el trasero de la rubia de Décimo
el lunar de Merche
los senos de sabes quien
¿Si nada de eso tienes
por qué soy incapaz de dejarte?

Batalla

El profesor
quiere enseñar
y fracasa
El alumno
no quiere aprender
y triunfa

Colección Sembremos Arte

Fundación Grainart

Desde la Editorial

Una colección de libros tiene la importancia de manifestar por parte de los editores, un esquema organizativo de selección con destino a un público lector que confía en la seriedad y reconocimiento

Con ese objetivo, Ediciones Grainart de la ciudad de Cali se complace en presentar la Colección "Sembremos Arte", que cuenta con un escogido grupo de autores tanto nacionales como internacionales cuya meta es compartir la cultura con temáticas y estilísticas variadas.

Pero más que una apuesta editorial, es una confirmación sentida para que los lectores conozcan a este grupo de cultores quienes desde sus letras contribuyen en el desarrollo personal, comunitario y cultural.

Las voces que se presentan en esta colección, les ofrecerán un alto nivel literario, pues han asumido a través de los años, el reto de posesionar la palabra como forma de existencia, aporte a su entorno y dinámica de vida.

La idea de esta colección nació en mayo del 2020 y después de un esfuerzo que desafía los tiempos de pandemia y el entorno difícil de nuestra sociedad, en marzo del 2021 pudimos lanzar el primer número de la colección pues confiamos que la creación literaria debe permanecer siempre inquebrantable, paseándose por las páginas de la historia y colmándola de motivos para resistir y persistir.

Como saben, la Editorial y la Colección Sembremos Arte hacen parte de la Fundación Grainart, que ha compartido desde sus talleres literarios libros de diversos autores en gran parte del territorio nacional. Gracias a eso, continua abanderando su lema "Semilla para el arte", en colegios, bibliotecas, centros culturales; así como al público que asiste a los encuentros.
Ahora nos enorgullecemos de poder compartir y dejar en buenas manos, esta colección que es un consolidado aporte a la cultura y a la comunidad.

Agradecemos el apoyo de los artistas plásticos Carlos Humberto Murillo y Fabian Paz quienes nos permitieron usar sus obras para las portadas de la Colección Sembremos Arte.

Muchas gracias a todos los escritores por confiar en nuestra labor y permitirnos plasmar sus versos en esta colección. Hoy se lanza este libro Violetas aplazadas del escritor, poeta y gestor cultural Flóbert Zapata Arias, quien ha contribuido y ha sido parte de los proyectos que se realizan desde la

Fundación Grainart. Su aporte a la cultura ha sido invaluable.

Muchas gracias a ustedes amigos lectores, a la familia Grainart y a la fe que nos sostiene, pues nos permite seguir aquí, para rendir con acciones el testimonio de nuestras convicciones, presentando esta colección que nace de la esperanza, el respeto y la admiración por la literatura.

Mónica Patricia Ossa Grain
Cali - Colombia

Índice

Violetas aplazadas
©Flóbert Zapata Arias
©Colección Sembremos Arte

ISBN: 978-958-49-1451-4
Diseño y edición: Ediciones Grainart
Compilación y diagramación:
Mónica Patricia Ossa Grain
Diseño de Carátula:
Helen Vanessa González Ossa
Obra portada: Carlos Humberto Murillo
Título: El triunfo de la muerte
Texturas y óleo sobre lienzo
carlosart5@hotmail.com
Foto contraportada: Stella Idárraga
www.flobertzapata2.blogspot.com

Ediciones Grainart
edicionesgrainart@gmail.com
fundaciongrainart@gmail.com
Contacto: (+57) 3148685940

Impreso y hecho en Colombia.
Printed and made in Colombia

Santiago de Cali – Valle del Cauca
Julio de 2021

www.ingramcontent.com/pod-product-compliance
Lightning Source LLC
LaVergne TN
LVHW041704190726
843493LV00007B/1944